Bem-vindo à Austrália!

A Austrália é o sexto maior país do mundo, com paisagens únicas e extremamente diversificadas que abrigam milhares de animais diferentes. Dos desertos no Centro às florestas tropicais no Nordeste, você encontrará recifes, pântanos, cerrados, pastagens e até mesmo montanhas cobertas de neve.

Os animais da Austrália

A Austrália tem mais de 800 espécies de aves, e aproximadamente metade delas só pode ser encontrada na Austrália. A cucaburra está entre as aves mais conhecidas da Austrália. Ela também é conhecida como cucaburra-risonha, pois faz um som semelhante ao da risada humana.

Na Austrália, você encontrará 21 das 25 cobras mais mortais do mundo e duas espécies de crocodilos: o crocodilo de água salgada e o crocodilo de água doce. O crocodilo de água doce é exclusivo da Austrália. Na verdade, aproximadamente 90% dos animais nativos da Austrália não são encontrados em nenhum outro lugar do mundo, o que se deve em grande parte ao isolamento da Austrália, sendo completamente cercada pelo mar.

▶ Veja a página 30 para referências de animais.

Os animais da Austrália

Um dos animais mais adoráveis nativos da Austrália é o coala, que, apesar da crença popular, não é um urso! Outro animal australiano bem conhecido é o canguru, que aparece no brasão australiano e na moeda australiana de 50 centavos!

Bem-vindo à América do Norte!

A América do Norte é composta por 23 países, incluindo os Estados Unidos, Canadá e México, a região que oferece uma variedade de habitats para uma série de espécies selvagens. Cadeias montanhosas de norte a sul afetam o clima do continente. Isso cria diferentes habitats para os grupos de animais que vivem em ambos os lados.

▶ Veja as páginas 30 e 31 para referências de animais.

Os animais da **América do Norte**

É nestas zonas montanhosas que se encontram o lobo-cinzento, o urso-negro, o lince, o alce e muitas das 900 espécies de aves do continente. A águia-careca é uma das aves mais famosas nos Estados Unidos; ela é o símbolo nacional há mais de 200 anos.

A paisagem norte-americana se estende muito além dessas montanhas. Há também florestas tropicais, que abrigam uma espécie de cervo, conhecido como alce. Você sabia que os alces machos têm chifres que crescem 2,5 centímetros todos os dias? Longe das florestas tropicais ficam os recifes de corais, desertos escaldantes (lar dos leões-da-montanha) e pastagens (lar de animais que pastam, como o bisão).

O peru-selvagem tem mais de 5.000 penas no corpo. Essas penas são conhecidas como "iridescentes", o que significa que elas se parecem com as cores do arco-íris na luz e são muito brilhantes. Um dos animais mais icônicos da América do Norte é o urso-pardo, também conhecido como urso-cinzento, que na verdade varia de creme a preto. Ele é um dos maiores ursos do mundo, perdendo apenas para o urso-polar.

Os animais da **América do Norte**

Bem-vindo à América do Sul!

A América do Sul é composta por 12 países, incluindo Colômbia, Argentina e Brasil. A paisagem sul-americana é dominada pela Cordilheira dos Andes, uma cordilheira que corre de norte a sul ao longo da costa ocidental. A leste dos Andes fica o rio Amazonas, o maior rio do mundo em volume, e a Floresta Amazônica. Como todas as florestas tropicais úmidas, a Amazônia é quente e úmida, com chuvas quase o ano todo.

Os animais da América do Sul

Muitas espécies diferentes habitam a Floresta Amazônica, incluindo o bicho-preguiça, o tamanduá-bandeira e o tucano, que dificilmente passa despercebido com seu bico grande e colorido. Você também encontrará sucuris na Amazônia! Você sabia que a sucuri não é uma cobra venenosa? Na verdade, ela espreme sua presa até a morte antes de engoli-la de uma só vez, sejam tartarugas, porcos ou até veados!

11

Na América do Sul, existem muitas espécies únicas, incluindo mais de 3.000 espécies de aves. Entre elas estão a arara-azul, amarela e a arara-jacinta, ambas uma espécie de papagaio. Outra espécie de ave interessante é a ema, que se parece muito com o avestruz e o emu. Embora uma ema não possa voar, ela pode correr extremamente rápido, atingindo velocidades de mais de 60 quilômetros por hora!

Os animais da **América do Sul**

Outros nativos sul-americanos bem conhecidos incluem a anta, cujos parentes mais próximos são cavalos, rinocerontes e a lhama. Você sabia que a lhama é um animal muito inteligente? Ela se recusará a carregar algo caso for muito pesado. Ela é um parente próximo do camelo, com uma diferença física muito perceptível: sem corcovas!

Bem-vindo à África!

A África é composta por 55 países e é o segundo maior e mais quente continente da Terra. É também completamente cercada por água. A metade norte da África é principalmente desértica, enquanto as áreas central e sul são compostas por pastagens e selvas.

Veja as páginas 32 e 33 para referências de animais.

Os animais da África

A África é o lar de mais de 1.100 espécies de mamíferos, incluindo o animal terrestre mais rápido do mundo, a chita. Na verdade, quatro dos cinco animais terrestres mais rápidos do mundo vivem na África. Camuflada com até 3.000 manchinhas, a chita pode ir de 0 a 100 Km/hora em apenas três segundos, tornando a fuga de suas presas, como o impala, extremamente difícil!

Não há dúvidas de que alguns dos animais mais populares do mundo vivem na África. Estes incluem o leão e o animal mais alto do mundo, a girafa. Você sabia que o pescoço da girafa é muito curto para alcançar o chão? Embora o leão seja frequentemente chamado de "rei da selva", na verdade os leões não vivem em selvas. Ao contrário, esses grandes felinos vagam por pastagens e planícies.

Os animais da **África**

As pastagens também são áreas populares para espécies como a zebra e o rinoceronte-branco. O chimpanzé e o gorila-das-montanhas, no entanto, vivem nas selvas da África. O gorila-das-montanhas é fascinante, pois compartilha até 99% de seu DNA com os humanos. Apesar de ter poucos predadores naturais, esse tímido animal está em perigo de extinção.

Bem-vindo à Europa!

A Europa é o segundo menor continente do mundo, porém, tem uma grande população humana. Isso significa que grande parte do campo foi cultivado e os animais foram limitados a viver em pequenos bolsões de natureza selvagem. Felizmente, os humanos também administram muitas áreas protegidas de bosques, florestas e cadeias de montanhas que fornecem mais espaço para os animais nativos da Europa.

▶ Veja as páginas 32 e 33 para referências de animais.

Os animais da Europa

Embora a Europa seja o lar de aproximadamente 270 espécies de mamíferos, apenas 78 delas são nativas de seu próprio país. Os humanos introduziram muitas espécies na Europa e em outras partes do mundo. O coelho-europeu agora é encontrado em quase todos os países! Outros nativos europeus incluem o texugo-europeu, a lontra-europeia e o cervo-vermelho, uma das maiores espécies de cervos do mundo.

Animais como o esquilo-vermelho e a raposa-vermelha são nativos da Taiga do norte da Europa, uma floresta perene localizada ao sul do Círculo Polar Ártico. Logo, esses animais são excelentes para viver no frio gélido! Na Europa Central, você encontrará animais como o ibex (uma cabra selvagem da montanha) que se sente em casa nas cordilheiras, mais conhecidas como Alpes.

Os animais da **Europa**

Também nativo da Europa é o ouriço, que, apesar de ter aproximadamente 5.000 espinhos de uma só vez, não é parente do porco-espinho ou da equidna. A Europa também abriga aproximadamente 700 espécies de aves, incluindo o tordo-europeu, o verdilhão e o melro-preto.

Bem-vindo à Ásia!

A Ásia é o maior continente, cobrindo aproximadamente 30% da área terrestre total da Terra e alcançando quase a metade do caminho ao redor da Terra! É formada por 48 países, incluindo China e Índia. Surpreendentemente, você encontrará os pontos mais altos e mais baixos da Terra no Continente Asiático, sendo eles o Monte Everest e o Mar Morto.

22 ▶ Veja as páginas 32 e 33 para referências de animais.

Os animais da Ásia

A enormidade da Ásia significa que diferentes regiões do continente são algumas das mais quentes, frias, secas e úmidas da Terra! Os tigres-de-bengala são uma espécie que desfruta dessa diversidade. Enquanto os tigres maiores vivem nas partes mais frias do norte do continente, as espécies menores preferem as áreas mais quentes do sul. Você sabia que há mais tigres mantidos como animais de estimação do que livres na natureza?

Além de abrigar o Himalaia, a cordilheira mais alta do mundo, a Ásia também abriga muitos dos animais mais amados do mundo. A diversidade de *habitats* significa que a Ásia possui cobras, orangotangos, elefantes-asiáticos, o panda-gigante e muitos mais.

Os animais da Ásia

É difícil destacar qualquer um dos animais nativos da Ásia, pois há tantas criaturas fascinantes e maravilhosas; no entanto, o urso panda talvez seja a mais icônica deste continente. Um símbolo da paz na China, esses ursos (sim, os pandas são ursos de verdade) têm o comprimento de um lápis ao nascer e são da cor rosa!

Bem-vindo ao Ártico & à Antártida!

Embora o Ártico e a Antártida sejam regiões muito frias, a última é muito mais fria. Na verdade, a Antártida é o continente mais frio do mundo. O Ártico não é um continente. A Antártida é tão fria que a maioria dos animais só consegue viver ao longo das costas nos mares circundantes, onde o clima é mais quente.

▶ Veja as páginas 32 e 33 para referências de animais.

Os animais do Ártico & da Antártida

A Antártida é conhecida por abrigar uma variedade de espécies de pinguins, incluindo o pinguim-de-adélia e o pinguim-imperador. Embora os pinguins não possam voar, suas nadadeiras os tornam excelentes nadadores! No extremo oposto do globo, o Ártico é o lar da raposa-do-ártico e do urso-polar. Você sabia que o urso-polar consegue farejar sua presa a até 1,5 Km de distância?

Existem tantos animais no mundo que não se sabe o número real - e ele cresce ainda mais a cada dia com novas espécies sendo descobertas o tempo todo! Existem muito mais animais no mundo do que este livro possa conter.

Os animais são conhecidos por serem "nativos" de certos países ou continentes do mundo porque foram encontrados pela primeira vez lá. Este mapa do mundo torna mais fácil entender de onde vêm todos os animais. Animais são criaturas únicas e incríveis, não são? Espero que você tenha aprendido muitos fatos interessantes sobre eles lendo este livro!

O ÁRTICO
ÁSIA
AUSTRÁLIA & OCEANIA
ANTÁRTIDA

LEGENDA
América do Norte
América do Sul
África
Europa
Ásia
Austrália & Oceania
Antártida & o Ártico

Os animais da Australia

O **canguru-vermelho** é o maior marsupial do mundo.

O **coala** precisa dormir 20 horas por dia.

A **rosela carmesim** gosta de se aninhar em troncos ocos de árvores.

A **rã de olhos vermelhos** fecha seus grandes olhos alaranjados para se esconder de predadores.

Um **galah** pode imitar sons e vozes.

Um **numbat** come até 20 mil cupins por dia!

Um **canguru-cinza-oriental** pode saltar até 8 metros em um único salto!

O **papagaio-rei** macho tem cabeça vermelha, enquanto a fêmea tem cabeça verde.

Quando o filhote de **equidna** sai do ovo, ele ainda está cego e sem pelos.

O **ornitorrinco** não tem estômago e nem dentes.

O **pega** voa e mergulha de seu local de nidificação na primavera.

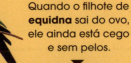

A **rã-arborícola-verde-oriental** brota camadas de gordura na cabeça!

O cocô do **vombate** tem formato cúbico.

O **emu** é a maior ave que não voa da Austrália.

O **lagarto-de-gola** pode correr sobre suas duas patas traseiras!

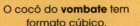

Um **melífago-oriental** paira enquanto come néctar com seu bico longo e fino.

O **bilby** é uma das espécies ameaçadas de extinção da Austrália.

Um **crocodilo-de-água-salgada** tem dentes grandes e afiados, mas não mastiga a comida - engole-a inteira!

A **cucaburra** adora comer cobras depois de matá-las com seu bico.

Os animais da América do Norte

O **lobo-cinzento** pode cheirar 100 vezes melhor que os humanos!

A **águia-careca** tem uma pálpeb[ra] transparente, qu[e] mantém a pálpe[bra] principal limpa

A boca de um **gambá** contém 50 dentes pontiagudos.

O **pintassilgo-american**[o] voa em um movimento de zigue-zague.

O **urso-negro** consegue sobreviver sem comida por sete meses.

A maioria dos **guaxinins** são daltônicos.

Um **pica-pau** consegue bicar a madeira 20 vezes em um segundo!

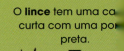

O **lince** tem uma ca[uda] curta com uma po[nta] preta.

Um **esquilo-cinzento** consegue sentir o cheiro de comida enterrada sob uma camada de neve.

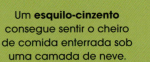

Um **cardeal-do-norte** pode canta[r] até 24 canções.

Um **alce** consegue fechar suas narinas!

Um **cervo** macho é chamado de "touro" e uma fêmea é chamada de "vaca".

Um **peru-selvagem** pode voar e, na verdade, dorme nas árvores.

O **bisão** é o maior mamífero da América do Norte.

Um **gaio-azul** consegue imitar os sons de um falcão.

Um **ganso-do-canadá** pode viver até 24 anos!

O **leão-das-montanhas** também é chamado de "puma" ou "onça-parda".

A lebre tem orelhas compridas, como as de um burro!

Um **urso-pardo** gosta de comer peixe, frutinhas, folhas e nozes.

Os animais da América do Sul

 A **anta** possui quatro dedos nas patas dianteiras e três nas patas traseiras.

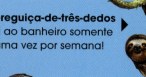 A **preguiça-de-três-dedos** vai ao banheiro somente uma vez por semana!

 Ao contrário de outras aves, a **ema** não canta.

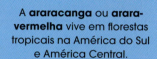 Uma **sucuri** pode ser tão comprida quanto um ônibus escolar.

 A **araracanga** ou **arara-vermelha** vive em florestas tropicais na América do Sul e América Central.

 Ao contrário da maioria dos felinos, a **jaguatirica** adora água e consegue nadar muito bem.

 A **arara-canindé** é alérgica a cacau e abacate.

O **macaco-da-noite** pia como uma coruja.

A **capivara** come o próprio cocô para ajudar em sua digestão.

Uma **tarântula** consegue regenerar as pernas perdidas.

Quanto mais brilhante o **sapo-boi-azul**, mais venenoso ele é.

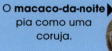 A **iguana-verde** tem um terceiro olho!

 O **mico-leão-dourado** é uma espécie de macaco, não um leão.

 O **tamanduá-bandeira** tem uma língua comprida e grudenta e come até 35.000 formigas por dia!

 A **arara-azul-grande** é a maior arara do mundo.

 A língua do **tucano** parece uma pena.

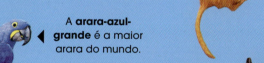 Uma **lhama** tem três estômagos.

 A **onça** adora nadar e apanhar comida na água.

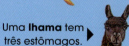 A **rela-morango** ou **rã-morango** é do tamanho de um clip de papel.

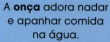 O **tatu** é o único mamífero cujo corpo é coberto com um casco duro.

31

Os animais da África

O **leão** tem o rugido mais alto da família dos grandes felinos.

Um **abelharuco-rosado** apanha sua presa somente quando está voando.

O **porco-formigueiro** tem uma língua grudenta com 30 cm de comprimento.

Um filhote de **impala** geralmente nasce por volta do meio-dia.

A **girafa** pode dormir em pé; ela raramente se senta.

Um **chacal** não abre os olhos por 10 dias após o nascimento.

Um **papa-figos-de-cabeça-preta** tece seu ninho como um cesto.

O **gorila-da-montanha** constrói um ninho novo todos os dias.

Cada **zebra** tem um padrão de listras único, como as impressões digitais humanas.

A **chita** tem uma visão não muito boa, então ela caça durante o dia!

O **suricato** é imune a veneno de cobra e escorpião!

O **flamingo** come de cabeça para baixo.

Uma **hiena** pode esmagar ossos com sua mandíbula forte!

O **lêmure-de-cauda-anelada** consegue pular de árvore em árvore.

O **búfalo-africano** adora tomar banho na água, mas não nada!

O **mandril** vive em grandes grupos de até 800.

Um **chimpanzé** pode aprender linguagem de sinais!

O **hipopótamo** transpira um líquido vermelho que age como um protetor solar!

O **abutre** se alimenta de animais mortos.

O **rinoceronte-branco** é na verdade cinza, não branco.

O **avestruz** é a maior ave do mundo.

Os animais da Europa

O **pintassilgo-europeu** tem o canto mais bonito do que qualquer pássaro do mundo.

A **lontra-europeia** dorme enquanto flutua de costas.

Um **ouriço** se enrolará como uma bola quando estiver com medo!

O **javali** tem um focinho longo, que utiliza para revolver e cavar a terra.

Um **furão** come pequenos mamíferos, répteis e pássaros.

Um **faisão de pescoço anelado** pode voar duas semanas depois de nascer.

O **texugo-europeu** come centenas de minhocas todas as noites.

O **esquilo-vermelho** adora nadar.

O bramido de um **gamo** parece muito com arrotos!

O **falcão-peregrino** é considerado o animal mais rápido do mundo.

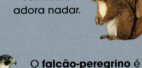

A **toupeira** é quase cega, mas tem um ótimo olfato.

O **íbex** macho tem uma barba comprida e chifres curvados.

Os filhotes do **coelho-europeu** são chamados de "láparos".

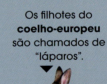

O **cervo-vermelho** dá seus primeiros passos 30 minutos após o seu nascimento.

A **raposa-vermelha** pode fazer 40 sons diferentes.

32